Giovanni Cristofalo

Il mistero della Croce di Pauciuri

Sulle tracce dell'abate Ursus, dell'Ordine
di Sion e dei templari in Calabria

Editions Dédicaces

Giovanni Cristofalo

Il mistero della Croce di Pauciuri

Sulle tracce dell'abate Ursus, dell'Ordine
di Sion e dei templari in Calabria

L'autore

Professore ordinario nelle scuole italiane di Materie Letterarie Giovanni Cristofalo è laureato in Storia ed ha sostenuto all'Università della Calabria diversi esami di Archeologia. Membro onorario del Gruppo Archeologico Italiano ha collaborato con numerose testate giornalistiche e, dal 1988 al 1992, si è occupato della   pagina culturale di un periodico locale molto seguito nella sua Regione: "Il Malvitano". Ha pubblicato oltre trecento articoli giornalistici, cinque brevi saggi storici, una raccolta di poesia ed alcuni testi di canzoni.

Dedica

Dedico questo lavoro a quattro persone care che portano il nome di Francesco e che hanno avuto e continuano ad avere un ruolo importante nella mia vita:

a mio figlio Francesco che amo tanto;

all'indimenticabile Franco D'Ambra amico leale, compagno di tante battaglie politiche e, come me, irriducibile sognatore;

a Francesco Guzzolino un Intellettuale onesto e un artista sovversivo. Un precursore nella Valle dell'Esaro della ricerca storica e archeologica. Ciccio è stato il mio primo grande Maestro;

A mio padre che da bambino mi incantava con le sue belle storie fantastiche trasmettendomi il gusto per la ricerca e il grande amore che nutriva per Malvito. A sette anni mi fece il più bel regalo che potessi aspettarmi, la prima macchina da scrivere: una olivetti 22. Con quell'aggeggio ho cominciato a "sognare" e fare scommesse con me stesso. Molte di quelle scommesse poi, da grande, le ho vinte.

Inoltre un pensiero affettuoso va anche alla memoria di una persona che mi è stata di sostegno in alcune battaglie: la dottoressa Silvana Luppino, Direttrice del Museo di Sibari. Una "archeologa fuori dal Comune" che ci manca.

FOTO RINGRAZIAMENTI:

Per le foto l'autore ringrazia: Dino Andreoli, Robby Storino, Vincenzo Scavello, Gianni Laurito Termine e Luigi Gramigna.

Il castello di Malvito

Prefazione di Alfonso Morelli

In località Pauciuri di Malvito, è presente un'area archeologica molto importante ma poco conosciuta chiamata la "Piccola Pompei Calabrese".

Dai ritrovamenti è stato dimostrato che il centro fu attivo per molti secoli, per poi essere abbandonato intorno al VI secolo. La città, con molta probabilità, ha rivestito un importante ruolo nei secoli della sua esistenza, in quanto era costruita nei pressi della via istmica ionico-tirrenica.

Nel primo periodo, IV secolo a.C, fu un insediamento ellenistico, come documentato dal rinvenimento di una ceramica risalente a quel periodo e di una gemma di anello con raffigurato il mito di Apollo e Artemis; poi, in seguito, un abitato di età romana-repubblicana e, infine, nel periodo bizantino, come necropoli.

La prima campagna di scavo, promossa, condotta e finanziata dalla Soprintendenza Archeologica della Calabria, in collaborazione con l'École Française de Rome, ebbe luogo nel 1980, sotto l'Amministrazione Vetere, con la vigilanza dell'Ufficio Scavi di Sibari, dove Silvana Luppino subentrò successivamente a Pier Giovanni Guzzo, poi divenuto soprintendente agli Scavi di Pompei, cioè la massima e più importante autorità scientifica al mondo a cui possa aspirare un archeologo.

L'École de Rome, chiamò alla direzione dello scavo Jean Marc Flambard, professore di Archeologia e di Storia Romana all'Università Sorbona di Parigi che, per molte stagioni estive, si trasferì a Malvito per scavare, coadiuvato dalla moglie Anne Marie Flambard, anch'essa professoressa di Archeologia nell'Università di Rouen in Normandia.

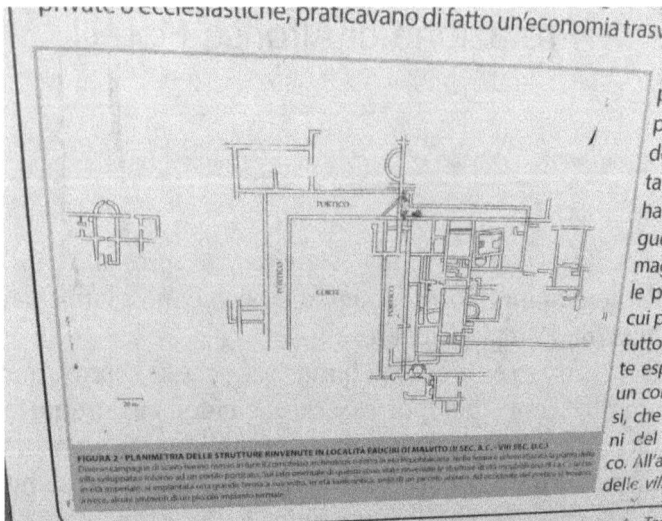

Planimetria delle strutture rinvenute © Alfonso Morelli

Gli scavi, a fase alterne e con vari contributi da parte di molte Università e professori da tutto il mondo, continuarono fino al 2010 e, finalmente, da settembre 2017 è possibile visitare questa bellissima realtà.

Tutto questo interesse internazionale fa capire ancora di più l'importanza che ricopre questo sito, che forse oggi gli abitanti del luogo e dei paesi limitrofi hanno dimenticato.

Una presenza storica e culturale eccezionale, la memoria del luogo incastonata nei ruderi e nella pietra, le vere radici di cui andare fieri, tutto questo è Pauciuri.

Fra le tracce ritrovate vi è innanzitutto un grande portico di età repubblicana (II-I sec. a.C.) appartenente a una domus patrizia; visibile è anche un'esedra, che in età altomedievale è stata utilizzata come tomba monumentale; poi un ninfeo, un tipo di fontana monumentale anticamente dedicata al culto delle ninfe, divinità femminili delle acque, collocata a ridosso del muro sud-est del portico e risalente al I sec. d.C., oltre ad una serie di piccoli ambienti utilizzati a scopo abitativo ancora in epoca altomedievale.

Parco Archeologico di Pauciuri © Alfonso Morelli

Parco Archeologico di Pauciuri © Alfonso Morelli

11

La serie di reperti recuperati prosegue con alcune termae private pertinenti alla domus e con le termae di uso pubblico. Una piccola terma privata del I-II sec. d.C. risulta inoltre costruita su un ambiente con pavimento in opus spicatum. Ritrovate anche due fornaci destinate alla produzione di laterizi, attive tra il I secolo a.C. e I secolo d.C. e grossi contenitori in terracotta; molto importante è anche la vasta necropoli che molti studiosi pensano sia costituita da più di 100 tombe.

Tra i ritrovamenti più importanti si evidenzia una croce pettorale di provenienza palestinese, studiata dall'archeologo Giuseppe Roma, da poco scomparso, datata V-VI secolo, attualmente conservata al museo archeologico di Sibari, rinvenuta all'interno della tomba monumentale, che dovrebbe ricondurre alla sepoltura di un personaggio clericale, forse un vescovo e che molti pensano sia l'abate Ursus: leggenda vuole che sia il fondatore del famoso Priorato di Sion, diventato famoso ne "Il Codice Da Vinci" di Dan Brown, e che sotto la sua guida alcuni monaci partirono alla volta di Orval, in Francia, alla corte di Goffredo di Buglione, convincendolo a perseguire la prima crociata in Terra Santa, avendo «trovato qualcosa di interessante, intorno al loro insediamento che riguardava la "X Legio Fretensis" e il Tempio di Salomone.

Quanto sinteticamente descritto è il risultato di campagne di scavo che hanno riportato alla luce meno del 30% delle strutture, mentre il rimanente 70% risulta ancora da scavare e indagare con nuove ricerche stratigrafiche che potrebbero finalmente svelare i misteri di questo luogo.

Risulta corretto parlare di "città" e non di una semplice villa o statio, come invece si era ipotizzato all'inizio delle ricerche, dal momento che le più recenti campagne di scavo hanno confermato che le strutture scavate appartengono ad un'area molto estesa, compresa fra l'attuale lago artificiale di Roggiano Gravina e la località La Costa.

Pauciuri è uno di quei piccoli tesori nascosti, e spesso sconosciuti, della nostra regione, che hanno attraversato lunghi periodi di abbandono ed oblio; beni culturali, dove la ricerca scientifica procede a singhiozzo a causa della cronica mancanza di fondi, che se ben valorizzati potrebbero rilanciare tutta la zona circostante, partendo da un turismo sostenibile e recuperando i ritardi decennali che per troppo tempo si sono accumulati, causando un'immobilità non produttiva, sia a livello economico che culturale. C'è bisogna di aria nuova e di una nuova mentalità, acquisire un punto di vista differente, che porta a compiere azioni diverse e, di conseguenza, anche i risultati saranno dissimili rispetto a quelli che si sono ottenuto fino a quel momento e come disse Einstein: *"Non puoi risolvere un problema con lo stesso tipo di pensiero che hai usato per crearlo"*.

È arrivato il momento di cambiare e finalmente essere orgogliosi di appartenere a questa meravigliosa terra chiamata Calabria.

Alfonso Morelli
Associazione Culturale Mistery Hunters
www.misteryhunters.it

Introduzione di Giuseppe Pisano

La croce reliquiario, di provenienza palestinese, rinvenuta all'interno di un imponente e anonimo sepolcro in località Pauciuri di Malvito è un mistero che potrebbe essere definitivamente svelato. Ciò grazie principalmente all'interesse e allo studio del professore Giovanni Cristofalo il quale, sulla base di elementi interessanti che vengono esposti in questa pubblicazione, è giunto alla conclusione che lo scheletro ritrovato in quel monumento sepolcrale appartenga a Ursus, l'abate della vicina abbazia della Matina di San Marco Argentano che, nel 1070, guidò un gruppo di monaci eremitani di Sant'Agostino nella foresta delle Ardenne, proprietà di Goffredo di Buglione uno dei comandanti della Prima Crociata.

L'abbazia calabrese della Matina ha comunanze architettoniche con l'abbazia di Notre-Dame d'Orval nel Lussemburgo belga, luogo dove si stabilirono questi religiosi provenienti dalla Val di Crati al seguito di Ursus (il misterioso principe Orso) sotto l'ala protettiva di Matilde di Toscana, zia e madre adottiva di Goffredo di Buglione che aveva titoli nobiliari e possedimenti in Calabria e che fu anche contessa di Bova. Ad Orval questi monaci furono fra i precettori di Goffredo di Buglione e fu lui e suo fratello, quale re di Gerusalemme, a costituire il primo nucleo di cavalieri che qualche anno dopo la sua morte andarono a formare i Templari. Da tenere presente che la regola originaria dell'Ordine del Tempio fu quella agostiniana.

Secondo vari studiosi (tra cui i famosi autori dell'opera "Il santo Graal", M. Baigent, R. Leigh e H. Lincoln) i misteriosi monaci calabresi si erano precedentemente stabiliti a Gerusalemme ed avevano fondato l'Ordine di Sion. Pare che avessero trovato, intorno al loro insediamento, qualcosa di molto interessante che riguardava la "X Legio Fretensis" e il Tempio di Salomone e da quel momento incominciarono a predicare, con grande passione e ardore, la Prima Crociata.

L'abbazia di Notre Dame d'Orval, Villers-devant-Orval, Lussemburgo.

Questi monaci, dopo 40 anni, lasciarono Orval e fecero ritorno al luogo di origine per poi andare nuovamente a Gerusalemme dove fondarono l'Ordine della Rosa di Sion (o del Santo Sepolcro) da cui nacque l'Ordine dei Templari. Tra loro si pensa ci fosse anche Pietro l'Eremita, l'ispiratore carismatico delle Crociate. Nel 1132 San Bernardo di Chiaravalle, ispiratore della regola dei Templari, ricevette in dono l'abbazia di Notre-Dame, che diventerà quindi sede dei cistercensi.

Sempre in questo monastero, cinque secoli dopo l'arrivo dei monaci eremitani calabresi, giungerà il famoso scrittore

16

di profezie Nostradamus che aveva aderito all'ordine segreto ermetico dei Rosa Croce e che tra le mura di questa abbazia troverà un antico libro arcano sul quale baserà tutta la sua opera successiva. Il misterioso astrologo francese, autore delle celebri Profezie, verrà "iniziato" a Orval e farà una specie di noviziato. Era, a nostro parere, uno scienziato non un profeta, che viveva in maniera agiata grazie al nonno della madre, Jean de Remy, che era medico di Renato, re di Gerusalemme e di Sicilia e conte di Provenza, e al nonno paterno, Pierre de Nostredame, che era medico di Giovanni, duca di Calabria e figlio del re Renato, che fu il nono Gran Maestro del Priorato di Sion. L'arcano codice segreto trovato in questo monastero (dove venne alla luce la ancora poco nota "Profezia d'Orval") fu poi, secondo alcune fonti, bruciato dallo stesso Nostradamus.

Ma cosa scoprirono di tanto sconvolgente questi misteriosi monaci intorno al loro insediamento?

La Decima Fretensis era la legione romana stanziata in Palestina al tempo di Gesù, composta da soldati reclutati nell'attuale Calabria. Era formata principalmente da reggini e Bruzii e furono loro a flagellare e crocifiggere il Cristo dovendo eseguire l'ordine di Ponzio Pilato. La X legione aveva il suo campo-base a Catona di Reggio (dove terminava la via Popilia) ed era l'unica legione stanziata in Calabria che operò a lungo in Terra Santa. *"Fretensis"* deriva da *"fretum"*, che significa *"stretto"* e per tale motivo alcuni studiosi siciliani avanzarono l'ipotesi che questi legionari fossero messinesi. Ciò è del tutto improbabile in quanto Reggio, che era stata peraltro alleata di Roma nella guerra punica, divenne Municipio romano, senza suffragio e con il nome di Rhegium Julii, nell'89 a.C. ; Messina invece otterrà tutto questo solo più tardi da Ottaviano Augusto, che regnò dal 29 a.C. al 14 d.C., mentre la X Legio era stata creata già nel 41/40 a.C.. Successivamente, intorno al 70 d.C., i legionari della Decima, agli ordini del generale romano Tito, distrussero il Secondo Tempio di Gerusalemme portandone a Roma i tesori ebraici poi trafugati da Alarico, re dei Visigoti. Alarico lasciò Roma nel 410 col suo ricchissimo bottino, tra cui l'Arca dell'Alleanza e il Candelabro a sette bracci, e si diresse a Reggio con l'intenzione- così raccontano le fonti storiche- di conquistare l'Africa ma improvvisamente morì e venne seppellito in gran segreto con tutti i suoi tesori nel letto del fiume Busento, presso Cosenza.

La "Fontana di Matilde", nell'abbazia di Orval.

Noi pensiamo che il re visigoto non fosse intenzionato a conquistare solamente una parte del territorio africano ma che invece volesse raggiungere la Palestina e riportare i tesori ebrei nel luogo d'origine: a Gerusalemme. Non è da escludere quindi la tesi secondo cui nella parte di popolo goto che noi denominiamo visigoti vi sarebbe stato un ceppo semitico mediorientale e precisamente giudaico. Oggi però bisogna dire che non si approfondiscono più gli studi sulle

18

probabili origini miste ariane e semitiche di Alarico e si continua a cercare la sua tomba sempre e solo sulla sponda pagana, testimoniata dalla presenza di un ninfeo, e non invece su quella cristiana. Ricordiamo inoltre che i Templari adottarono come vessillo uno stendardo: il *"Beaucent"* che foneticamente è *"Bosent"*, come il fiume di Alarico.

E' lecito pensare quindi che furono i monaci provenienti dalla Val di Crati, che poi rifondarono l'Ordine di Sion da cui i Templari, a trovare il tesoro del re dei Visigoti trafugato a Roma. Per tale motivo venne a Cosenza nel 1937 persino Heinrich Himmler, il capo delle SS e fondatore dell'Ahnenerbe, la società nazista per la ricerca dell'eredità ancestrale.

Noi parliamo di "rifondazione" dell'Ordine di Sion e non di "fondazione" perchè a fondarlo -secondo alcune fonti attendibili- ad Alessandria d'Egitto, fu San Marco, uno dei discepoli di Gesù che una tradizione vuole abbia battezzato nel 44 d.C. a San Marco Argentano i protomartiri Senatore, Viatore, Cassiodoro e Dominata ai quali la cittadina ha dedicato un tempio. Non a caso in Sicilia a Monreale sono raffigurati questi 4 martiri convertiti al cristianesimo da San Marco, primo fondatore dell'Ordine di Sion.

E' davvero sorprendente come da San Marco Argentano (il cui toponimo sembra associare il Santo Evangelista a questo ancora incredibilmente sconosciuto borgo medievale calabrese) siano passate figure importantissime come Roberto il Guiscardo, papa Urbano II, re Luigi III D'Angiò, Boemondo I d'Antiochia, Sant'Antonio da Padova, Gioacchino da Fiore, San Francesco di Paola ed altri ancora, e come siano evidenti i collegamenti tra questo territorio e la Palestina, l'Ordine di Sion, la Prima Crociata, i Templari.

Roberto il Guiscardo, da molti definito "l'avventuriero militare più grande nel periodo tra la morte di Cesare e l'ascesa di Napoleone", scelse come sede del suo Ducato la Val di Crati che aveva come epicentro, dal 1054, San Marco Argentano.

Priorato di Sion a San Marco Argentano.

Il luogo di residenza del normanno era molto vicino a Malvito ma egli, malgrado ciò, la eresse in diocesi. La diocesi di San Marco però non si sostituì a quella di Malvito, ciò avverrà ma alla distanza di circa due secoli.

San Marco Argentano, portale chiesa della Riforma, particolare del giglio e dell'aquila teutonica.

San Marco al tempo del Guiscardo fu quindi trasformata in una piccola "capitale" della Calabria del nord. Successivamente Adelaide, sposa di Ruggero I e madre di Ruggero II, nel periodo in cui assunse la dirigenza a causa della morte del Gran Conte e dovendo preparare il figlio ad assumere la sovranità dello Stato Siciliano, nel 1117 decise addirittura di trasferire da Mileto a San Marco Argentano la capitale normanna, per poi spostarla ancora a Messina ed infine a Palermo.

Sono ancora in pochi a sapere che la prima fortezza normanna in Sicilia voluta da Roberto il Guiscardo (1061) fu edificata nell'antica città di Aluntium (D'Alunzio) cui fu aggiunto il nome di San Marco (San Marco d'Alunzio) per ricordare il suo San Marco Argentano di Calabria e la successiva conquista della Sicilia, in mano ai mussulmani da due secoli, si ammantò della veste di Crociata (nell'ottica della Riconquista).

In questo borgo della Val di Crati fu fondata l'abbazia della Matina la cui chiesa fu dedicata a Santa Maria e la relativa cerimonia fu officiata dal vescovo Arnolfo,

21

rifondatore dell'Ordine di Sion. Lo rivela il diploma del 31 marzo 1066 rilasciato dal Guiscardo, dal quale risulta che la consacrazione fu fatta anche in presenza del vescovo Oddone di Rapolla e del vescovo locale, Lorenzo di Malvito. Arnolfo era vescovo di Martirano, città calabrese attraversata dalla via Popilia che fu occupata da Roberto nel 1056 ed elevata a contea nel primo periodo normanno (gli ultimi conti furono i D'Aquino). Arnolfo partecipò direttamente alla Guerra Santa e, successivamente alla conquista di Gerusalemme, Guglielmo di Tiro rivelerà di un consesso segreto capeggiato da un vescovo di "Calaber natione". Il prelato della diocesi martiranese (che qualche tempo dopo divenne suffraganea di Cosenza) si adoperò per introdurre sul trono patriarcale Arnolfo di Roeux che era sostenuto da Goffredo di Buglione. Arnolfo di Roeux, originario del villaggio di Chocques nelle Fiandre, era consanguineo di Boemondo I di Antiochia figlio primogenito di Roberto il Guiscardo che fu uno dei comandanti della I Crociata e che visse per diversi anni in gioventù proprio a San Marco Argentano.

Nell'abbazia sammarchese, che divenne cistercense nel 1222, ci fu nel 1092 un papa: Urbano II, il promotore della Prima Crociata. Da tenere presente che dopo questo pontefice verranno in visita in Calabria, guarda caso proprio nel periodo delle crociate, altri due vicari di Cristo: Callisto II (1122), imparentato per parte di madre con i duchi di Normandia fu il papa che riconsacrò l'abbazia della Trinità di Mileto e che, in un concilio, si fece banditore di una nuova crociata ma morì nel 1224 prima di vedere realizzato il suo disegno; Alessandro III (1165) del quale esistono due documenti presso l'Archivio Segreto Vaticano già pubblicati dal Russo nel suo *Regesto Vaticano*: una Bolla del 1178 che confermava tutti i possedimenti dell'Ordine Templare (attestando le loro proprietà in Francia, in Piccardia, in Lombardia, in Sicilia, in Spagna, in Puglia ed in Calabria, oltre a varie località della Terra Santa) e una missiva inviata

22

ai prelati di Puglia e Calabria affinché non esigessero dai Templari la quarta dei beni che venivano loro lasciati. Tutto ciò a riprova che in Calabria a quel tempo i cavalieri dell'Ordine del Tempio erano fortemente presenti ed avevano numerosi possedimenti. Successivamente a questo periodo però è utile rimarcare che per trovare tracce di un papa in terra calabra bisognerà balzare in avanti di ben 800 anni circa con le visite di Wojtyla e dei successivi pontefici.

E' accertato che alcune migliaia di calabresi, al seguito di Boemondo (che fu l'unico dei Normanni a rispondere all'appello di Urbano II che esortava i principi e i popoli ad impugnare le armi per liberare la Terra Santa occupata dai Musulmani), parteciparono alla Prima Crociata ed è altrettanto accertato che il contingente più numeroso, come afferma il Russo, provenisse proprio dalla Valle del Crati. Ciò grazie all'opera dell'arcivescovo Arnolfo al quale Urbano II aveva affidato il compito di predicare la Crociata in Calabria.

Il precettore di Ottone di Lagery (Urbano II) era Brunone di Colonia, San Bruno fondatore della certosa di Serra San Bruno in Calabria. Bruno di Colonia nel 1057 ricoprì l'incarico di rettore della scuola di Reims (che si trova a poca distanza da Orval), luogo dove visse per molti anni. Nella città calabrese di Altomonte, che è quasi confinante con San Marco Argentano, nella chiesa di S. Maria della Consolazione tra le sculture del sarcofago D'Aquino-Sanseverino (famiglia di origine normanna) c'è raffigurato San Bruno che presenta alla Madonna un cavaliere con alla vita il simbolo dell'infinito. Nella stessa chiesa, sulla parete esterna absidale, campeggia una croce rossa patente a cerchio affrescata tipica dei Templari.

A San Marco Argentano è da secoli venerato particolarmente S. Antonio da Padova il cui nome di battesimo era, lo ricordiamo, Fernando di Buglione, discendente dal crociato Goffredo di Buglione, colui che guidò la I Crociata detta "dei nobili" e che vide la partecipazione di circa 100.000 guerrieri provenienti per lo più dalla Francia ma anche da Fiandre, Inghilterra, Italia e Germania. Una tradizione locale vuole che il Santo abbia soggiornato nel 1221, quando da Messina si recava ad Assisi da San Francesco e cio', come ci rivela lo studioso Candeloro Madaffari, trova conferma in una autorevole nota di P. Francesco Russo nella "Vita Secunda di Fra Giuliano da Spira", oltre che negli "Annali dei Frati Minori" redatti nel Seicento dal frate irlandese Wadding. Nel cortile esterno della chiesa sammarchese della Riforma, culla del culto a Sant'Antonio, troviamo inciso su un arco: il giglio (per il filotemplare Gioacchino da Fiore era simbolo dell'Età dello spirito)somigliante all'emblema del Priorato di Sion e la tipica aquila sveva accanto a una rosa sbocciata.

E sempre nell'attuale complesso conventuale dei Riformati visse, dal 1429 al 1450, San Francesco di Paola il quale sostenne per tutta la vita l'idea della creazione di una crociata, alle soglie del '500, contro il pericolo musulmano.

Ma se esiste la documentazione attestante la presenza in San Marco Argentano dei santi Antonio da Padova e Francesco da Paola, altrettanto si può dire di re Luigi III D'Angiò (il valoroso duca che il 28 giugno del 1431 inviava proprio da questo centro della Val di Crati un'importante dichiarazione in Francia) e del profeta Gioacchino da Fiore (che però non accettò la proposta del re Tancredi di Sicilia di trasferire a Matina, da Fiore, il proprio monastero per una vita più ritirata) cui si dice fu affiliato all'Ordine di Sion.

Sempre nel borgo sammarchese sono ancora custoditi un reliquario contenente le reliquie di ciascuno dei dodici apostoli, una Sacra Spina che cinse il capo di Gesù e uno stupendo reliquario a croce donato dall'abate citercense di Santa Maria della Matina ed eseguito, secondo lo studioso Domenico Rotundo, da un artista templare: il Cristo trionfatore (sulla morte) con (nell'aureola) tre preziosissime pietre incastonate e la mezzaluna. Si può rilevare anche che sul verso è presente l'agnus dei con la croce patente, simbologia riconducibile ai Templari.

Pietro l'Eremita mostra ai crociati la via per Gerusalemme.

Altra simbologia la ritroviamo nell'abbazia della Matina dove, all'interno della sala capitolare troviamo le significative croci patriarcali impresse sulle pareti e dove è presente su un portale il Pellicano, simbolo dei Rosacroce cui fu affiliato il filosofo calabrese Tommaso Campanella il quale era fraterno amico di J. Valentin Andreae, fondatore della Rosa-Croce e Gran Maestro dell'Ordine di Sion. In un'immagine di Campanella, che potrebbe dare prova della sua affiliazione all'Ordine di Sion, campeggia il motto, accanto ad una campanella: "Propter Sion non tacebo" (non tacerò su Sion).

Infine, come si è prima detto, vari autori hanno scritto che tra i monaci calabresi di Orval c'era anche anche Pietro l'Eremita, l'ispiratore carismatico delle Crociate. Pietro d'Amiens, promotore della prima crociata, era imparentato, secondo molti studiosi, con i Selvaggi, famiglia che godette nobiltà e tuttora presente in San Marco Argentano. A tale

25

riguardo, sulla piazza dove c'è la chiesa di San Giovanni degli Amalfitani, si può notare il "palazzo Selvaggi".

Sono tanti, come si può notare, gli elementi che inducono a pensare che esiste una storia molto importante in questo territorio, forse in parte occultata, ma che bisogna ricostruire pezzo per pezzo senza indugiare. Una storia di grande interesse e suggestione che ora si arricchisce con il ritrovamento del sepolcro medievale e la croce reliquiario di Pauciuri di Malvito.

Prof. Giuseppe Pisano
Specialista dei Cavalieri Templari
facebook.com

Parco Archeologico di Pauciuri

30

La fontana tra le rovine di Pauciuri di Malvito (foto Alfonso Morelli)

PAUCIURI
Il Castrum romano dell'Abate URSUS

I resti dell'abate Ursus (Archivio fotografico Cristofalo)

I resti dell'abate Ursus (Archivio fotografico Cristofalo)

I resti dell'abate Ursus (Archivio fotografico Cristofalo)

Il mistero della Croce di Pauciuri

Nel 1989 a Pauciuri di Malvito (CS) durante una campagna di scavi effettuati nel perimetro della sepolta cittadina romana fu rinvenuta a ridosso di un edificio di culto a pianta semicircolare risalente al I sec. a.c. chiamata Esedra le vestigie di un imponente monumento sepolcrale con all'interno lo scheletro molto ben conservato di un personaggio che doveva essere sicuramente importante per essere stato sepolto in quel luogo in epoca medievale.

Assieme ai resti dell'uomo lo scavo individuò anche la presenza di due importantissimi reperti, miracolosamente sfuggiti alla furia devastatrice dei tombaroli che saccheggiarono a più riprese l'intera necropoli medievale, quali: una porzione di un vaso spatheion del X-XII secolo d.C., che servì ad attestare i contatti tra l'abitato romano di Pauciuri con l'Oriente bizantino e una preziosa croce reliquario in bronzo, chiamata Enkolpion di provenienza, come hanno stabilito con assoluta certezza gli esperti, dall'area siro-palestinese.

La croce, che al momento del ritrovamento era ben occultata sotto la mascella inferiore del teschio, quando venne ripulita mise in evidenza la seguente breve epigrafe in alfabeto greco-bizantino « H(οα)N / HC », che significa Giovanni. Scritta che come vedremo più avanti probabilmente si riferisce ad un Santo e non ad un Vescovo, come in primo tempo qualcuno aveva pensato. Al centro della stessa croce fu aggiunta posteriormente una lieve e superficiale incisione in minuscolo della lettera "U", quasi come se qualcuno in quel modo avesse voluto frettolosamente indicare la generalità del sepolto. Successivamente la lettera "U", a causa di una più accurata ripulituradell'antico manufatto, scomparve.

Gli studi finora compiuti attribuiscono a questo prezioso reperto, la cui misura è di mm 67 x 35 x 4, una datazione notevolmente estesa che abbraccia un arco di tempo che va tra il nono e l'undicesimo secolo dopo Cristo, in una area geografica, come già accennato,ben distinta alla produzione di tali oggetti sacri che è riferibile alla Terrasanta o ai grandi santuari della Siria e dell'Egitto. Gli esiti tecnici successivi hanno rivelato, cosa importante, che l'enkolpion cruciforme di Pauciuri, attualmente conservata nei depositi del Museo Archeologico Nazionale di Sibari, è un reliquiario bivalve con raffigurazione della croce, sul recto, e un'immagine di un Orante sul verso e che molto probabilmente al suo interno essa ha custodito per secoli un pezzo di legno della Croce di Cristo, come vedremo meglio più avanti.

Fortunatamente essa è pervenuta completa delle due valve, benché staccate. Valve che furono modellate da un abile orefice nello schema di "Croce greca", a profilo diritto e con l'asse trasversale più corto. L'oggetto sacro mostra su una faccia, probabilmente il recto , un particolare molto importante: l'incisione di una sorta di "Croce Patente" – che è stata interpretata pure come "Croce di Malta", e qui non può sfuggire un forte richiamo alla simbologia dei Crociati. Essa è formata da quattro bracci, nascenti da un cerchio centrale, fortemente svasati verso l'esterno e con le estremità concave sui cui spigoli è presente un motivo "a goccia", quasi di foglia, che si ripete anche al centro, posto tra il cerchio e i quattro angoli dell'intersecazione dei bracci della croce.

La Croce Patente è uno dei simboli più sacri ai templari, come è noto, fu adottata dai Monaci Cavalieri su concessione di Papa Onorio III, quale simbolo di autorità spirituale, ad uso esclusivo del più famoso ordine monastico-cavalleresco che la storia ricordi. La croce patente usata dai Templari vediamo che è volutamente lineare perché deve riprodurre quella della passione di Cristo. Nella forma classica le punte si allargano a calice e terminano con bordo superiore dritto, molto più raramente il bordo diritto assume un aspetto concavo lievemente biforcuto.

Ma ritornando alla descrizione dell'enkolpion di Pauciuri vediamo che l'interno di ognuno dei bracci della croce incisa è decorato con un motivo "a spina di pesce" che, *"realizzato con la stessa tecnica, si dispone in modo simmetrico rispetto a una linea centrale, sempre incisa, che lo divide in due. Una serie di simili incisioni trasversali e parallele riempie l'interno delle foglie germinate sugli spigoli delle estremità. Il cerchio centrale è provvisto di profondo alveolo, che ha conservato il vetro originario atto a fermare e rendere visibile la reliquia. La cornice dell'alveolo incisa e le quattro foglioline poste tra questa e gli angoli interni dell'intersecazione dei bracci, non hanno nessuna decorazione di riempimento. Le foglie, se è lecita l'identificazione del motivo "a goccia", permettono di qualificare la croce incisa su questa faccia dell'enkolpion come una "Croce fogliata", cioè rientrante nell'iconografia dell'Albero della Vita",* ed anche qui vi è un altro fortissimo richiamo tanto caro ai vari ordini templarigiacché l'Albero della Vita era un albero che, secondo alcune tradizioni religiose, Dio pose nel Giardino dell'Eden, assieme all'Albero della Conoscenza del Bene e del Male tanto caro ai vari ordini templari.

Questo particolare apre, come se si trattasse di una scatola cinese, un'altra attraente prospettiva e cioè, come sostiene egregiamente il Prof Giorgio Leone che *"la reliquia originariamente custodita nel pettorale della croce di Pauciuri sia stata un frammento della Vera Croce di Cristo".* E per Vera Croce la storiografia intende il nome dato alla croce sulla quale Gesù fu crocifisso. Secondo la tradizione questa Croce sarebbe stata ritrovata a Gerusalemme nell'anno 327-328 dalla madre dell'imperatore romano Costantino I, Flavia Giulia Elena. Attorno al 1009 i cristiani di Gerusalemme nascosero la Croce e ben occultata rimase in un luogo segreto fino al suo ritrovamento, avvenuto durante la prima crociata, il 5 agosto 1099. La tradizione vuole che successivamente la Vera Croce venne divisa in tanti pezzi, piccoli e grandi, e spartita fra i cavalieri assieme alle altre reliquie preziose. In seguito, quando i cavalieri fecero ritorno in patria, fu donata a chiese e monasteri. Fra queste chiese figura anche il monastero di Santa Maria Legno de Cruciss, che lo storico Pietro De Leo, supportato da una corposa documentazione, colloca senza ombra di dubbio a Malvito e non a Corigliano Calabro, come del resto certifica anche il "Regesto Vaticano" di Padre Francesco Russo.[1]

Questo singolare ritrovamento a Pauciuri, ci dice ancora Leone, *"nonostante gli anni proposti per la datazione del manufatto di cui si discute, riporterebbe a una tradizione iconografica molto antica, collegata al sorgere della diffusione delle reliquie della Vera Croce, diffusasi durante il periodo delle Crociate, in quanto richiama le valenze metaforiche adombrate nella descrizione di San Gregorio da Nissa della croce pettorale di Santa Macrina, ripresa poi dai templari. L'esemplare di Pauciuri si differenza da altre enkolpion ritrovate che documentano il singolare sviluppo del tema dell'Albero della Vita nell'ambito della specifica tipologia indagata, ed è, finora, paragonabile solo ad una croce fatta di sole quattro foglie incise che contraddistingue una delle facce dell'enkolpion ritrovata in Campania, esattamente a Capua".*

L'altra valva dell'enkolpion di Pauciuri, che sarebbe il verso, reca interamente incisa un'interessante immagine maschile di Orante, di sicuro un monaco predicatore, con barba, testa nimbata vestito di lunga tunica, decorata sul davanti da un motivo "a treccia", *"quasi a mo' di stolone, e con le maniche rese con un motivo "a fascia". L'uomo porta sulle spalle una sorta di mantellina, segnata su entrambi i lembi anteriori da due croci greche con terminazione piatta. Le braccia formano un angolo abbastanza aperto e le mani sono rese da semplici segmenti dritti, eccetto i pollici stilizzati con un motivo ondulato".*

Fin qui la descrizione della croce studiata analiticamente dal Prof. Giorgio Leone che è l'autore di un interessantissimo saggio dal titolo "Le testimonianze figurative: gli enkolpia cruciformi" a cui ho ampiamente fatto riferimento in questo mio lavoro.[2]

---

[1] Padre Francesco Russo: Regesto vaticano per la Calabria, 12 voll. Roma : G. Gesualdi, 1974-1993.

[2] Giorgio Leone: Le testimonianze figurative: gli enkolpia cruciformi.

Cattedrale di Amiens: Il reliquiario con il capo di San Giovanni Battista esposto davanti il ciclo di sculture (Placide Poussielgue-Rusand, 1876).

Estratto da "La Calabria tirrenica nell'antichità. Nuovi documenti e problematiche storiche". Atti del Convegno (Rende - 23-25 novembre 2000), a cura di Giovanna De Sensi Sestito. Finito di stampare nel mese di dicembre 2008 dalla Rubbettino Industrie Grafiche ed Editoriali per conto di Rubbettino Editore Srl 88049 Soveria Mannelli (Catanzaro).

Andiamo adesso ad analizzare altri particolari della tomba dove fu rinvenuta questa misteriosa croce. Unparticolare non trascurabile è la posizione con cui venne deposto il corpo dell'uomo. Su 110 tombe finora scavate nella necropoli di Pauciuri solo nella sepoltura monumentale l'inumato venne adagiato al suolo con la testa rivolta ad Oriente, quindi verso la Terra Santa, tutti gli altri defunti guardano invece l'Occidente. Fa eccezione, però, un altro misterioso sepolcro situato a poca distanza dall'Esedra. Si tratta di una fossa comune dove un solo inumato venne deposto con la testa distaccata dal resto del corpo. Testimone oculare di quel ritrovamento fu il signore Francesco Novello che partecipò come operaio ad una campagna di scavo, il quale mi riferì mesi dopo i fatti "dello strano ritrovamento avvenuto in quella tomba piena di scheletri". L'uomo che probabilmente subì la decapitazione presentava, secondo la versione del Novello, un vistoso foro sulla fronte, all'altezza delle tempie.

Tutto questo apparentemente può sembrare che si tratti di una morte violenta.

Questo peculiarità, a prima vista macabra e di difficile lettura, in realtà ci potrebbe aiutare a decifrare altre cose che sono emerse dalla tomba monumentale di Pauciuri, tra queste anche a chi potrebbe riferirsi il nome di Giovanni inciso sull'enkolpion.

Non si tratta, e lo escludo a priore, che Giovanni possa essere un Vescovo malvitano come alcuni studiosi hanno ipotizzato, anche perché nella cronotassi dei vescovi malvitani, finora disponibili e documentati, non compare nessun Presule che porta questo nome. Sappiamo, invece, con assoluta certezza, che i Templari avevano una particolare venerazione per San Giovanni Evangelista e che questo Santo veniva appunto rappresentato nelle iconografie con la testa mozzata.

Il ritrovamento del cranio forato consolida ancora di più in me la convinzione di una pista dei Templari che conduce in questi luoghi. Difatti ci troviamo di fronte ad una straordinaria analogia che non può essere una semplice casualità se si considera che il cranio di Giovanni Battista esposto nel reliquario in Nôtre-Dame d'Amiens presenta anch'esso un foro. Per molti si tratta di un rituale magico-religioso forse con la quale si voleva far uscire dalla testa l'anima del defunto. Se poi si guarda bene anche il cranio di papa Celestino V, fortemente legato ai Templari, presenta lo stesso foro, fatto post mortem. Secondo la scrittrice aquilana Maria Grazia Lopardi[3], i Templari solevano praticare fori del genere, un'antica usanza di cui però si sa ben poco. Sta di fatto che il cranio veniva forato solo a personaggi del mondo della Chiesa che possedevano un forte carisma ed erano di una certa levatura.

E a questo punto non può sfuggire un ulteriore indizio che ho raccolto e che non è di poco conto: Papa Celestino V, universalmente riconosciuto come un Papa legato ai templari, è lo stesso Pontefice che conferma ad una Chiesa di Malvito una donazione qualche secolo prima dal suo predecessore nonché omonimo pontefice, Papa Celestino III. Notizia che apprendo dal "Regesto Vaticano della Calabria" di cui è autore il più autorevole storico e vaticanista calabrese, Padre Francesco Russo. La concessione di Papa Celestino III avvenne il 9 febbraio 1193 e ne fu beneficiario Pietro, abate e correttore della Chiesa Sant'Angelo di Malvito. Papa Celestino III, inoltre è bene ricordarlo,fu il Papa che l'anno prima che facesse la concessione all'abate

---

[3] Maria Grazia Lopardi è nata a L'Aquila dove vive con la famiglia ed esercita la professione di Avvocato dello Stato. Presidente dell'Associazione "Pania Rei" di Promozione Sociale che offre alla città conferenze e seminari per lo sviluppo della coscienza, da molti anni rivolge la sua attenzione alla Tradizione iniziatica, al simbolismo e ad aspetti della storia medievale come la vicenda dei Templari e quelle di Celestino V. Ha partecipato come relatrice a numerosi convegni e ha già pubblicato diversi libri. Il suo precedente lavoro, edito dalle Edizioni Mediterranee, è Il Quadrato magico de! SATOR.

Pietro approvò nel 1192 lo statuto dell'Ordine Teutonico che era un antico ordine monastico-militare e ospedaliero sorto in Terrasanta all'epoca della terza crociata di chiara matrice templare. Questo Papa discendeva, tra l'altro, da un ramo della famiglia degli Orsini di Roma, di cui un ceppo molto consistente era ed è presente da sempre in Calabria.

Li resti dell'Abazia di Pauciuri

Due Pontefici, quindi, vicini al mondo dei templari che concedono ambedue dei privilegi alla Chiesa di Malvito. Può essere considerata una semplice casualità?

All'inizio di questo lavoro mi sono soffermato a lungo sull'Enkolpion e sui vari elementi che la compongono, di conseguenza sorgono altre domande, quali: Come, quanto e perché questa croce sia giunta a Pauciuri dalla lontanissima Terrasanta? Perché sulla croce venne posteriormente incisa la lettera U? Chi era quel personaggio che venne inumato nell'Esedra? Forse un pellegrino di ritorno dai luoghi dove visse Gesù? O,per caso, un soldato reduce dalla Crociata e quindi quell'oggetto sacro faceva parte del suo bottino di guerra? Oppure si trattava, più verosimilmente, di un potente e autorevole Ecclesiastico?

A mio avviso per una serie di indizi che ho raccolto propendo per la terza ipotesi e cioè che i resti di quel corpo appartengano in modo indubbio ad un personaggio molto influente della Chiesa, che possedeva un'autorità molto ma molto rilevante all'interno dell'Ordine dei Templari.

Il ritrovamento della croce enkolpion certifica l'importanza di quella tomba e il prof. Francesco Granzotto che è uno dei maggiori studiosi italiani su ritrovamenti funerari medievali parlando di una encolpio ritrovata in Friuli, ci dice, sia pure di riflesso, il perché. Scrive Granzotti nei "Quaderni Friulani di Archeologia": *"Il ritrovamento della croce enkolpion di Cividale non può che far accrescere ancora la curiosità sul modo in cui questi oggetti fossero impiegati nell'Europa occidentale, infatti all'unico esempio (a mia conoscenza) di croce enkolpion trovata in una tomba è quella di Calabria (ndr precisamente Malvito come viene precisato dallo stesso Professore nella note) a cui si affiancano tutta una serie di rinvenimenti di tutt'altra natura. Possediamo infatti una ampia gamma di croci enkolpion la cui scoperta è avvenuta all'interno di una chiesa dentro al sepolcro di qualche santo oppure direttamente a contatto con le reliquie che consacravano l'altare; da qui si evince che l'enkolpion godeva di notevole considerazione probabilmente per il contenuto in esso custodito."*[4]

Appare, infatti, molto difficile poter pensare che ad un pellegrino oppure ad un soldato potesse venire riservata una sepoltura così importante. Mi permetto a questo punto l'audacia di rischiare ancora di più dando anche una identità a quel personaggio ecclesiastico: il suo nome era

---

[4] Francesco Granzotto: Croce enkolpion ritrovata a Cividale del Friuli. Quaderni Friulani di Archeologia, Anno X – Dicembre 2000, p. 103. Società Friulana di Archeologia.

sicuramente URSUS (abbreviato appunto nella lettera U che campeggiava nell'Enkolpion) e sono sicuro che quella tomba rinvenuta a Pauciuri, molto diversa dalle altre decine di tombe e fosse comuni che compongono la vasta necropoli medievali, per secoli ha custodito i resti del noto Abate che la tradizione dice che fu, assieme all'Arcivescovo Arnolfo di Cosenza, tra i fondatori dell' Ordine Templare di Sion nonché il precettore di colui il quale avrà un ruolo molto importante durante la prima Crociata: Boemondo Altavilla, figlio di Roberto il Guiscardo e della nobil donna longobarda Alberada di Buonalbergo.

Ma prima di addentrarci in questa intricatissima vicenda storico-archeologica occorre delineare il contesto storico a cui ci stiamo richiamando e fare un viaggio a ritroso nel tempo per conoscere meglio l'abate Ursus e vedere chi fosse e quali sono le tracce che lo conducono a Pauciuri di Malvito.

Alcuni documenti narrano che un gruppo di monaci calabresi guidati da un certo Ursus, che anni prima lo troviamo documentato, come Abate dell'Abbazia di Santa Maria della Matina, a San Marco Argentano, trovarono sepolto nel Busento in Val di Crati "qualcosa di interessante" riguardate la Legio X Fretensis e il Tempio di Salomone; "il termine 'fretensis' si riferisce allo Stretto (in latino fretus) di Messina: ovverosia alla decima legione romana di Reggio Calabria, quella che crocifisse Gesù Cristo e che più tardi agli ordini di Tito distrusse il Tempio di Gerusalemme portandone a Roma i tesori ebraici, poi trafugati da Alarico morto e sepolto proprio a Cosenza. C'è chi pensa al tesoro sepolto nel Tempio, cui fa riferimento il Rotolo del Rame, uno dei Rotoli di Qumran o. Forse Ursus capì la portata della scoperta che avrebbe potuto condurre al ritrovamento della Vera Croce in Terrasanta e pertanto serviva un pretesto per andare là a fare ricerche. Fu così che Ursus e i suoi confratelli partirono allora per le Ardenne, sfruttando l'influenza di un carismatico personaggio calabrese, Pietro l'Eremita e di Goffredo Buglione e, di conseguenza, dell'amicizia di sua madre con Papa Urbano II, precisamente il Papa che predicò la necessità della riconquista della Terrasanta.

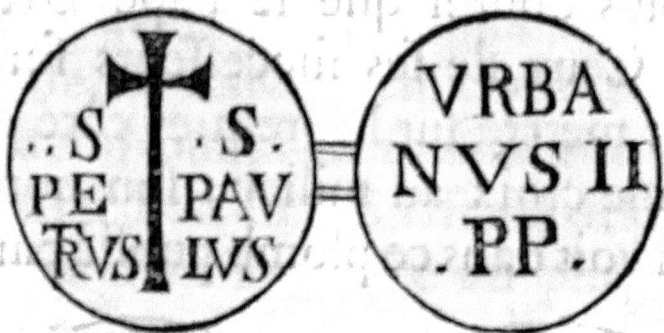

Il sigillo di Papa Urbano II

Con questi presupposti Ursus si mise in cammino e attraversò mezzo mondo sicuro che avrebbe ritrovato la Vera Croce.

Ma facciamo un passo indietro. Figura centrale della "Guerra Santa" dicevamo fu Papa Urbano II, che troviamo presente a San Marco Argentano il 18 novembre del 1092. Nell'annunciare la "Prima Santa Crociata", nel concilio del 1089 a Melfi, Papa Urbano II, già monaco e priore di Cluny, proclamò che il mondo cristiano per volere di Dio intendeva liberare dagli "infedeli" la città "Santa" di Gerusalemme, e promise l'indulgenza dei peccati per tutti coloro che vi avessero partecipato. Lo stesso Papa descrisse l'idea di acquisire non solo beni spirituali ma anche concreti beni materiali, mescolando il miraggio di nuovi possedimenti terrieri con la salvezza dell'anima dai peccati commessi verso Dio. Nel nome di Dio, invece, vennero commessi delle atrocità inaudite. Un esempio della ferocia dimostrata nella

50

prima crociata è stato proprio l'eccidio compiuto dai crociati nella conquista di Gerusalemme, quando entrati nella città massacrarono l'intera popolazione composta da 40.000 a 70.000 persone.

Subito dopo la caduta di Gerusalemme, nel 1099, Guglielmo di Tiro parla di un *"consesso segreto capeggiato da un vescovo venuto dalla Calabria"*. Il vescovo in questione è l'arcivescovo di Cosenza Arnolfo presente assieme a Lorenzo vescovo di Malvito, a Oddone vescovo della diocesi pugliese di Rapolla e ad un certo Urso alla dedicazione del monastero della Matina a Maria Vergine avvenuta il 31 marzo 1065.

E' forte la tentazione di immaginare che i monaci, invece di tornare in Calabria, fossero andati per l'appunto a Gerusalemme, stabilendosi nell'abbazia di Nostra Signora di Sion appena fondata. Con il pretesto di proteggere i pellegrini, essi avrebbero effettuato le ricerche del tesoro, trovando a quanto pare qualcosa di veramente interessante, tra i quali, quello che più di ogni altra cosa attraeva Ursus: la Vera Croce dove fu crocefisso Cristo. Stando a questa ricostruzione dei fatti, avventurosa ma non priva di plausibilità, l'Ordine dei Templari sarebbe dunque stato fondato nel 1099 e Ursus ne fu tra gli artefici, assieme al vescovo Arnolfo ed altri otto anonimi monaci-guerrieri calabresi.

Luigi Mangliaviti nel suo pregevole saggio "Dossier Templari Graal"[5] indica Ursus come Priore dell'Abazia della Matina di San Marco Argentano[6]. Difatti li lo troviamo documentato per la prima volta nelle carte latine del Pratesi , precisamente nel documento n° 2 datato 31 marzo 1065, al

---

[5] Luigi Mangliaviti: Dossier Templari Graal. Edizione pregiata cartonata: ISBN 978-88-6501-000-6. Edizione con copertina morbida: ISBN 978-88-6501-005-1. SAGGIO — Anno di pubblicazione: 2008 — 560 pagine.
[6] Don Pino Esposito: Regesto storico della diocesi di San Marco Argentano e Scalea.

seguito del Vescovo Lorenzo di Malvito dove si sottoscrive come *"eius Urso"* che è una variabile di Ursus[7]. Questo monaco di stirpe longobarda, impavido e gigante, godeva dunque della fiducia di Papa Urbano II e dell'amicizia del Dux Roberto il Guiscardo. Sicuramente Ursus ebbe rapporti di amicizia molto stretti anche con Boemondo, il primogenito del condottiere normanno che nacque proprio a San Marco Argentano poco dopo il 1050 dall'unione con la prima moglie Alberada di Buonalbergo. Crescendo Boemondo dimostrò di essere un audace guerriero e per queste sue doti divenne un personaggio chiave della Prima crociata e volle Ursus vicino a se. Da li a poco, dopo la conquista della Terrasanta, cominciò l'ascesa di Boemondo che venne incoronato Principe d'Antiochia, uno degli Stati creati dai Crociati che includeva parte della Turchia e della Siria attuali, che guarda caso è proprio esattamente l'area geografica da cui proviene la croce di Pauciuri.

Mi sia consentito a questo punto fare una precisazione con nessun intento di alimentare polemiche futili e faziose ma solo con lo scopo di ricostruire correttamente i fatti storici. Si commette un madornale errore ed è una palese forzatura storiografica ritenere Ursus originario di San Marco Argentano, come alcuni storici locali fanno. Ursus era bensì un monaco di Malvito e questo lo si arguisce dal contesto storico e da tutto una serie di ragionamenti. Mentre San Marco Argentano non figura mai in nessuna fonte storica antecedenti all'anno mille essendo un anonimo villaggio rurale, al contrario Malvito ricopriva in quel tempo un ruolo molto importante e strategico nella geografia politica ed ecclesiastica del Meridione d'Italia in quanto era sede di Gastaldato longobardo, alle strette dipendenze del Ducato di Benevento. Inoltre la cittadina dell'Esaro ospitava

---

[7] Alessandro Pratesi: Carte Latine di Abbadie Calabresi provenienti dall'Archivio Aldobrandini. Città del Vaticano, Biblioteca Apostolica Vaticana, 1958.

sin dall'anno 983, come ricorda la Chronica de Civitate Salerni[8], una delle più antiche diocesi calabresi e del meridione, come si evince anche da una bolla papale di Benedetto VII e convalidata dai successivi privilegi papali di Giovanni XV del 12 luglio 989; di Sergio IV del 17 giugno 1012, di Benedetto VIII del 25 aprile del 1016, di Clemente II del 18 febbraio 1047, di Leone IX del 22 luglio 1051; di Stefano IX del 24 marzo 1058, di Pasquale II del 1106 e di Innocenzo II del 1143. A Malvito erano attivi ben tre importanti monasteri, come quello di San Parasceve dove nell'892 un monaco amanuense di nome Simeone trascrisse il codice reginense 73 considerato il più antico documento della civiltà greca basiliana prodotto nel sud Italia. Fu Malvito la vera culla della civiltà normanna in Calabria, tant'è, come dimostra il maggior studioso dell'epopea normanna, John Julius Norwich, che fu proprio in questa amena e fortificata località dell'Esaro che al grande condottiere Roberto Altavilla, verrà affibbiato il nomignolo di "Guiscardo", ossia uomo furbo con la quale sarà immortalato dalla storiografia. Del resto la presenza dei Normanni a Malvito continuerà anche dopo la dipartita del Guiscardo attraverso suo figlio Roberto detto Scalone, Signore della Contea di Malvito e Scalea come attestato da fonti diplomatiche nel 1083. Sempre in questo periodo un tratto del mar tirreno, che andava da Cetraro a Scalea, veniva indicato nella cartografia normanno-bizantina come *"mare di Malvito"*.Quindi si deduce che Malvito era un centro militare e religioso di grandissima importanza e che la stessa Abazia della Matina era parte integrante dei beni patrimoniali che da secoli appartenevano ai vescovi malvitanicome del resto dimostrano le carte latine pubblicate dal Pratesi.

---

[8] Bibliothèque nationale de France: Chronica de civitate Salerni, quo modo fuit aedificata, 1501-1600. Département des manuscrits, Latin 5911.

Portale settecentesco di Palazzo Sagulo dove è stato conservato un pezzo della reliquia di legno della Vera Croce di Cristo. (foto Robby Storino)

E proprio in uno di questi Monasteri malvitani si formò dunque Ursus che unitamente ad un fisico possente aveva una vasta cultura teologica ed una grande abilità oratoria. Era praticamente un trascinatore di folle ed un abile diplomatico che sapeva usare, quando era necessario, anche la spada. Sicuramente il Monastero dove Ursus visse gran parte della sua vita, prima di intraprendere l'avventuroso viaggio che lo porterà in Belgio e poi a Gerusalemme, doveva essere quello che poi lui di ritorno dalla Terrasanta intitolò, forte dell'appoggio che godeva nel papato, a Santa a Maria de Ligno Crucis perché, come abbiamo visto, custodiva un pezzo di legno che la tradizione cristiana attribuiva alla Vera Croce di Cristo. Appare evidente come ci siano ben treforti richiami esoterici cari ai templari, e sono: la reliquia della Croce di Cristo che si conservava in quella Chiesa, la croce reliquario che Ursus portava sempre con se al petto e il nome di Maria.

Che a Malvito si conservasse la reliquia della Vera Croce trasmigrata da Gerusalemme nella cittadina dell'Esaro dai tempi della prima Crociata emerge anche in uno scritto contemporaneo. Nel 1988 mentre mi accingevo a laurearmi con una tesi sul mio paese mi venne fatto visionare dal Signor Saverio Sagulo un carteggio appartenuto ad un suo discendente, il dottor Arcangelo Sagulo, un insigne intellettuale nato a Malvito nel 1865. Il carteggio custodito gelosamente nell'archivio di famiglia, rispolverato per l'occasione per me giovane studioso, conservava memorie ed epistole varie, fra le quali anche una fitta corrispondenza che il suo illustre progenitore aveva intrapreso con il grande filosofo Benedetto Croce[9], suo compagno di Università a Napoli. Alcune di quelle carte mi incuriosirono molto e le annotai sui fogli di una agenda in attesa che il pronipote mi autorizzasse a stamparle su un periodico locale che si chiamava "Il Malvitano", dove, forse incautamente, ne preannunciai l'imminente pubblicazione. Purtroppo non ebbi il tempo di pubblicarle perché da li a poco l'intero carteggio venne rubato da qualcuno che era, secondo me, di casa e che probabilmente aveva "fiutato" l'importanza di quei documenti .

Di tutto quel vasto materiale cartaceo che ebbi modo di visionare nell'arco dell'intera giornata mi colpi in particolare un passaggio contenuto in una lettera indirizzata al dotto Arciprete don Michele Casella, all'epoca Ordinario di Teologia all'Università di Dublino che riportava quanto segue: "Come le disse questa estate caro Monsignore il Sacro Legno del monastero appartenne alla mia famiglia....

---

[9] Benedetto Croce (Pescasseroli, 25 febbraio 1866 – Napoli, 20 novembre 1952) è stato un filosofo, storico, politico, critico letterario e scrittore italiano, principale ideologo del liberalismo novecentesco italiano ed esponente del neoidealismo. Fonte: Wikipedia.

sono sicuro di quello che affermo! L'ho riferito anche a vostro zio don Camillo. La Santa Croce di Gerusalemme si trova qui, in paese, nascosta da qualche parte. La tela della Madonna invece no, sarà fuori, forse a Napoli...".

A quale croce si riferiva il Casella e di quale segreto era depositaria la sua rinomata e antica famiglia? Sicuramente qualcosa che appartenne ai Templari e che non poteva che essere la Santissima reliquia della Vera Croce che per lungo tempo venne appunto venerata a Malvito nella Chiesa di Santa Maria de Ligno. D'altronde che possa esserci un nesso tra i Sagulo e i Templari lo si ricava dal settecentesco portale del loro Palazzo situato nel cuore del centro storico di Malvito dove sulla parte destra dell'ingresso venne scolpita nel tufo una croce leggermente svasata, tutt'oggi chiaramente visibile, assieme ad altri elementi artistici e decorativi che richiamano molto esplicitamente la simbologia esoterica dei Templari.

A proposito del monastero di Santa Maria Elisabetta De Dominis scrive: *"Quando i templari, tornando dalla Terrasanta, sbarcarono sulle coste ioniche della Calabria, portarono il culto della Vergine come Madre di Dio. Sette sono le abbazia che compongono la costellazione della Vergine nel cuore della Calabria: Santa Maria della Matina S.Marco Argentano, Santa Maria della San Bucina Luzzi, Santa Maria di Monte Persano S. Lucido, Santa Maria di Ligno Crucis nelle vicinanze di Corigliano, Santa Maria di Acquaformosa, Santa Maria di Corazzo, Sant'Angelo di Frigilo Mesoraca."*[10]

Degli edifici che formavano il Monastero di Santa Maria de Ligno Crucis a testimoniare un passato così glorioso oggi rimane ben poco, ad eccezione di qualche pezzo di muro e qualche triste resto di colonne infrante.[11]

---

[10] Elisabetta de Dominis: Il regno di Artu' in Calabria?. America Oggi 23 settembre 2012.
[11] Fondata presso Corigliano Calabro verso l'XI secolo, l'abbazia

La collina Timpa dell'Orso vista dal paese.

In questo Monastero Ursus rivestì il ruolo di Priore, titolo che conservò anche successivamente quando gli venne affidato per un brevissimo periodo la guida dell'Abbazia di Santa Maria della Matina a San Marco Argentano. E' stato giustamente evidenziato da altri studiosi le tante analogie architettoniche che legano l'Abazia della Matina all'Abazia di Orval. Analogie che meritano certamente di essere approfondite anche perché Orval è il luogo dove, come

---

cistercense di S. Maria de Ligno Crucis si chiamava così, perché vi si conservava un frammento della Croce di Cristo, che attualmente si trova nella cappella di Sant'Agostino, sita nel castello della cittadina. Soppressa nel 1652, durante la riforma di Innocenzo X, dell'abbazia, oggi, non rimangono che pochi ruderi. (Rocco Benvenuto: Le origini dell'abbazia cistercense di S. Maria de Ligno Crucis presso Corigliano Calabro. Calabria Letteraria, anno XXXIV, n, 10-12, 1986, p. 25-30).

abbiamo visto, si stabilirono "i misteriosi monaci calabresi" situato nei pressi di Stenay, nei pressi in cui era stato assassinato Dagoberto II, l'ultimo re dei merovingi. Orval, in altri documenti Orcel, è un toponimo di origini francesi, si tratta di una forma ipocoristica del nome francese Ours, che è equivalente al nome italiano Orso.

Ritornando nei nostri luoghi che fosse proprio Santa Maria de Ligno Crucis il monastero di Ursus si deduce anche dalla geo-toponomastica dei luoghi. La collina che sovrasta l'antico Monastero veniva chiamatafino al secolo scorso "Timpa dell'Orso", toponimo che con il passare del tempo si è trasformato in "Ciampa dell'Orso". Un nome molto rivelatore: Orso infatti è una chiara derivazione italiana della parola latina Ursus il cui etimo continua a sopravvivere nel cognome "Orsini" ancora oggi molto diffuso nel territorio dell'Esaro.

Ma abbiamo un dato ancora più stupefacente se prendiamo per buone alcune testimonianze orali che ho raccolto anni fa sul campo da persone anziane che indicano alle pendice della collina prospicente al monastero l'ingresso di una cavità sotterranea, oggi ostruita da varie frane smottamenti, dove negli anni 40 alcuni contadini ritrovarono casualmente *"numerosi oggetti strani unitamente ad un voluminoso masso bianco con inciso il graffito di una croce dipinta in rosso"*. Fra questi reperti anche una maschera apotropaica scolpita su pietra che venne successivamente collocata alla sommità di una vecchia abitazione nel centro storico, dove ancora oggi è visibile e che sta ad indicare che la caverna sottostante la "Timpa dell'Orso" fu probabilmente frequentata da una setta religiosa. Inoltre contigua a "Ciampa dell'Orso" vi è un'altra località che oggi è denominata Peiorata e che agli inizi del secolo scorso apprendiamo da documenti conservati nell'Archivio Comunale veniva chiamata "Priorato" o più distintamente,in altri documenti depositati nell'Archivio Centrale di Cosenza, "terra del Priore".

La collina Timpa dell'Orso fotografata dall'autore.

Ed è sempre la documentazione storica unitamente allo studio della toponomastica che ci soccorre in aiuto, riconducendo con più forza e credibilità le vicende dell'Abate Ursus a Malvito e facendoci pensare che la tomba scoperta a Pauciuri sia propria la sua.

Questa scultura in pietra è stata ritrovata presso la Timpa dell'Orso.

Nella Platea di Santa Maria della Consolazione di Altomonte del 1486 sono indicati alcuni beni che il convento dei Domenicani di quella Terra possedeva in territorio di Malvito. Nella descrizione vengono elencate e date delle precise coordinate geografiche su località e nomi che non lasciano spazio a nessun dubbio. Riporto integralmente, e senza traduzioni, la parte del documento che ci interessa: *"...in tenimento Malveti tumulatarum quatraginta quinque aratorium situm et positum in loco seu in contrata **URSI Bauczuri** iuxta viam puplicam, que tendit Malivetum, iuxta viam que venerit a Mocta Fulloni et tendit Rogianum..."*[12]

Dalla lettura del documento di Altomonte non si può che rilevare come il nome di URSUS viene accostato per la prima volta in modo chiaro e inequivocabile accanto a quello di BAUCZURI (Pauciuri) e che Bauczuri altro non doveva essere che il cognome del monaco di stirpe longobarda.

---

[12] Pietro De Leo "Antichità e Medioevo", in: "Storia e Natura dell'Alta Valle dell'Esaro", Rubbettino editore aprile 1993, pag. 35.

La tabella che indica la località Timpa dell'Orso, situata in prossimità del Monastero dove visse l'Abate Ursus.

Avviandomi alle conclusioni mi rimane solo da aggiungere che fu cosi che spenti gli echi cruenti della prima cosiddetta, "Guerra Santa" e le varie traversie che accompagnarono il Priore malvitano nei suoi spericolati viaggi, Ursus, ormai vecchio e stanco, volle silenziosamente far ritorno in Calabria, nella terra dove aveva vissuto gran parte della sua vita e da dove era partito con gli altri otto monaci-guerrieri ed il vescovo di Cosenza Arnolfo.

A Malvito Ursus trascorse gli ultimi anni della sua avventurosa esistenza e qui, per sua volontà, fu solennemente sepolto accanto al letto di un fiume che lambiva quella rigogliosa pianuraracchiusa dall'imponente catena montuosa del Pollino e resa fertile dall'ingegno della vetusta civiltà romana.

Fasciato nel suo sobrio saio templare i suoi confratelli lo adagiarono compostamente nell'esedra con addosso l'enkolpion che aveva portato gelosamente dalla Terrasanta e checustodiva un pezzo di legno della Vera Croce di cui, sfidando mille avversità, era andato tenacemente alla ricerca. E chissà se non fu proprio il giovane e audace guerriero normanno Boemondo, figlio del Guiscardo nato a San Marco Argentano e sovrano di Gerusalemme dopo la Prima Crociata, a posargli per sempre sul petto quella sacra reliquia come segno di eterno rispetto nei confronti di colui il quale era stato il suo grande e magnifico precettore.[13]

Sigillo di un atto di Ruggero II di Sicilia relativo ai privilegi concessi a Ur - sus, annesso alla chiesa di Sainte-Marie-de-Macla.

Di certo in quella tomba l'Abate Ursus portò per sempre con se anche i tantissimi misteri ancora oggi indecifrabili che avvolgono l'impenetrabile movimento dei Templari chiamato Priorato di Sion. che, senza grandi clamori, lui stesso aveva contribuito a fondare.

---

[13] Boemondo I d'Altavilla, o Boemondo I d'Antiochia o Boemondo di Taranto (San Marco Argentano, tra il 1051 e il 1058 – Bari, 7 marzo 1111), Principe di Taranto, fu uno dei comandanti della Prima Crociata, nel corso della quale si insignorì del Principato di Antiochia. Sposò nel 1106 Costanza figlia del re di Francia Filippo I. Fu battezzato col nome di Marco in onore del santo patrono di San Marco Argentano.

L'Ordine di Sion è rappresentato in una vetrata della Cattedrale di St. Louis (New Orleans, Stati Uniti). Vediamo il re di Francia Saint Louis e un cavaliere che indossa uno scudo composto da un sole. La croce sugli scudi è esattamente la stessa della croce di Pauciuri.

illustrazioni

**Ursus è rappresentato nella cattedrale di San Marco Argentano
(fotografia copyright © Giuseppe Pisano)**

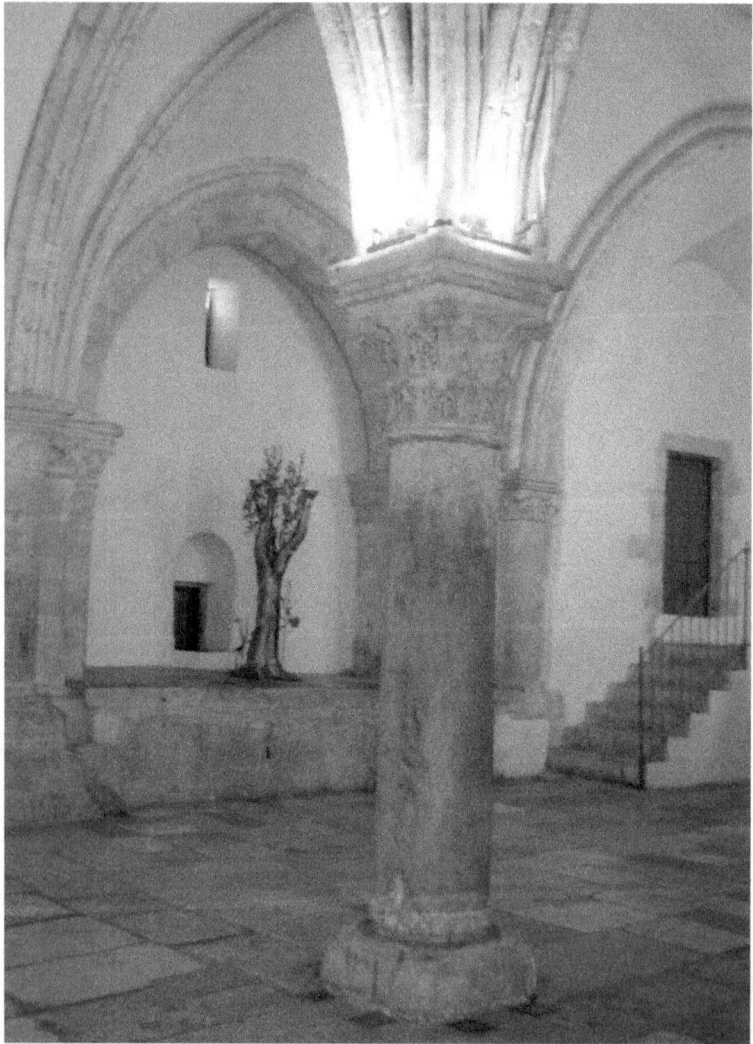

Il Cenacolo di Sion a Gerusalemme

Alarico I ad Atene. Una pelle di un orso sulla testa

Papa Urbano II sulla piazza di Clermont predica la prima crociata.

Goffredo di Buglione, Difensore del Santo Sepolcro
(foto © Guy Boulianne)

Ritratto immaginario di Roberto il Guiscardo

Ritratto immaginario di Boemondo di Taranto

San Marco Argentano, la Torre Normanna, eretta nel 1048 da Roberto il Guiscardo dove si è sempre parlato di un camminamento sotterraneo che condurrebbe alla non poco distante abbazia della Matina.

Altomonte, la croce templare, da noi rinvenuta, sulla parete esterna della chiesa di S. Maria della Consolazione.

Altomonte, la croce templare, da noi rinvenuta, sulla parete esterna della chiesa di S. Maria della Consolazione.

In questa immagine di Tommaso Campanella, che potrebbe dare prova della sua affiliazione all'Ordine di Sion, campeggia il motto, accanto ad una campanella: "Propter Sion non tacebo" (non tacerò su Sion).

Postfazione di Guy Boulianne

Alcune persone mettono ancora in dubbio l'esistenza dell'Ordine di Sion, la cui missione principale è preservare, attraverso il tempo, il tesoro più prezioso dell'umanità. Tuttavia, la storia racconta che nell'anno 1070, i monaci benedettini calabresi e guidati da uno di loro, padre Ursus, arrivarono vicino alla foresta delle Ardenne, non lontano da Stenay. Furono immediatamente protetti da Mathilde di Toscana, duchessa di Lorena, moglie di Godefroy il gobbo, zia e madre adottiva di Godefroy de Bouillon.

Infatti, il famoso Godefroy proviene da questa famosa regione di Stenay, resa famosa dalla linea merovingia e da Dagoberto II assassinato nell'anno 679. I monaci costruirono una chiesa nella contea di Chiny a Orval, su una terra data di Mathilde di Toscana. Questa chiesa diventerà in seguito l'Abbazia di Orval. Questi stessi monaci fondarono l'Ordine di Sion e diedero il trono di Gerusalemme a Godefroy de Bouillon nel 1099.

Saremo sorpresi di scoprire che l'Ordine di Sion è presente in una delle dieci vetrate che arredano la navata della Cattedrale di Saint-Louis, conosciuta anche come la "basilica di Saint-Louis-Roi-de-France", in Louisiana. In effetti, vediamo il re di Francia Saint Louis e un cavaliere che indossa uno scudo composto da un sole dorato. Ora, "Siona" in sanscrito — सितारे — significa precisamente "stella" o "sole". La croce sugli altri scudi è esattamente la stessa della misteriosa croce di Pauciuri, chiamata Enkolpion, che con ogni probabilità apparteneva all'abate Ursus.

Luigi IX e l'Ordine di Sion   Il tesoro di bianca di Castiglia   Che nasconde l'Ordine di Sion ?

Ma alcune persone si porranno la domanda: "Ma perché l'Ordine di Sion si muoverà così negli Stati Uniti meridionali? ". Dovrebbe essere noto che la Cattedrale di Saint-Louis fu fondata nel 1718 al tempo della Louisiana francese quando il regno di Francia possedeva l'immenso territorio della Nuova Francia.

La cattedrale si trova nell'antico quartiere francese di New Orleans, il centro storico della città fondato nel 1718 da Jean-Baptiste Le Moyne de Bienville. Figlio di Charles le Moyne di Longueuil e Châteauguay (1626-1685), è anche fratello di Charles II Le Moyne, governatore di Montreal (1656-1729) e Pierre Le Moyne d'Iberville, eroe della Nuova Francia e fondatore della Louisiana (1661-1706).

Jean-Baptiste Le Moyne di Bienville, fondatore di New Orleans, affida Adrien de Pauger a disegnare i piani della città, tra cui quello che sarà conosciuto come "Vieux Carré" con le sue strade ad angolo retto.

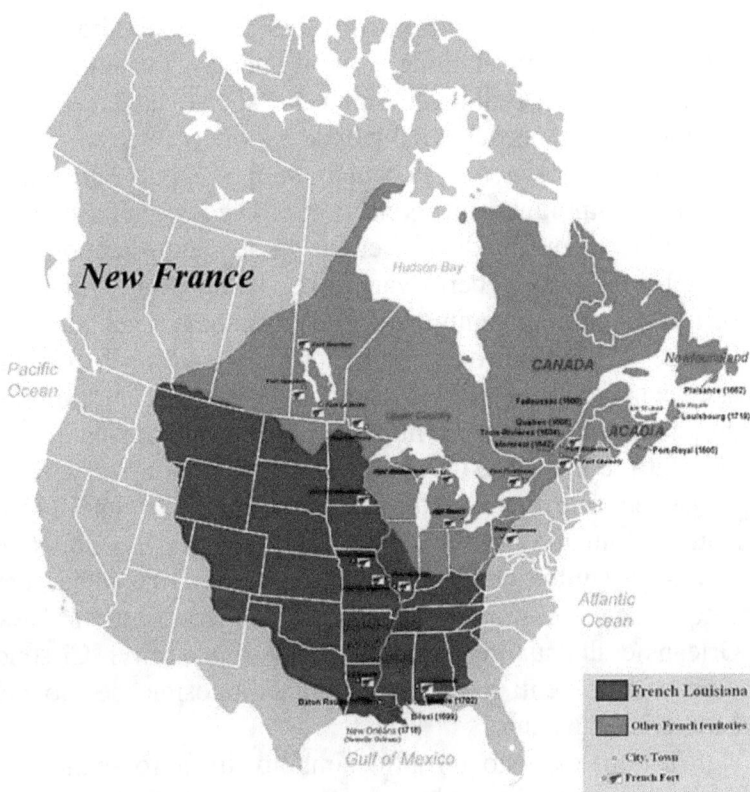

La Nuova Francia nel 1750.

L'ingegnere francese, arrivato nella città di nuova fondazione il 29 marzo 1721, designò questo sito per una chiesa secondo il piano di Louis Pierre Leblond de Latour (1673-1723), capo ingegnere e luogotenente della Compagnia delle Indie Orientali in Louisiana nel 1719. Era il fratello di Jacques Leblond de Latour (1671-1715), pittore, scultore, professore di belle arti e sacerdote in Quebec, nonché lo zio del pittore, illustratore e critico d'arte francese Jean -Joseph Taillasson (1745-1809).

Quando conosciamo la vera missione della Francia nella fondazione del Quebec, di Montreal e di altri territori nel Nord America, ci rendiamo conto che è davvero una caccia al tesoro che ci conduce irrimediabilmente al Graal e il tesoro di Gerusalemme, gelosamente custodito da generazioni dall'Ordine di Sion, che spesso ha preso altri nomi per farsi conoscere dal grande pubblico.

Secondo la leggenda, la cattedrale di St. Louis è infestata da padre **Dagobert**, un monaco che risiedeva nella chiesa. Le serate tranquille, dopo il culto, gli spettatori hanno visto il fantasma di Dagoberto vagare per la cattedrale, dirigersi sul pavimento e camminare silenziosamente nei sandali. Dicono che la sua voce si sente durante i giorni di pioggia che cantano il Kyrie eleison, uno dei più importanti preghiere liturgiche nella liturgia della Chiesa romana.

Infatti, è il fratello Capucin Dagoberto di Longuory. Nato a Quebec, è arrivato a New Orleans nel 1722. Nel 1745 è stato nominato parroco della Cattedrale di St. Louis, e vicario seguito della diocesi. Fu attivo nell'area per cinquant'anni e morì nel 1776. I suoi contributi a New Orleans e alla sua gente furono molto significativi. Ci sono diversi riferimenti a lui durante il diciottesimo secolo nel sud della Louisiana.

Ma non è questo un altro simbolo, un altro segno che designa abbiamo Merovingio re **Dagoberto II** fu assassinato nel 679 a Stenay, e che era l'antenato del lignaggio dei Re nostro è da dire, Sigisbert IV a Rennes-le-Château, principe Ursus a Nimes, papa Urbano II ha predicato la prima crociata e Goffredo di Buglione, che divenne l'avvocato del Santo Sepolcro di Gerusalemme.

Guy Boulianne
Montreal, Quebec, Canada
www.guyboulianne.com

Il castello di Malvito

Bibliografia

- Sylvie Crogiez: Malvito, loc. Pauciuri, prov. Cosenza. Mélanges de l'école française de Rome, Année 1991, 103-2, pp. 869-873.
- Angelo Lipinsky: Enkolpia cruciformi in Italia (Nuova serie) Roma - Collezione privata (1981) - In: Bollettino della Badia Greca di Grottaferrata Ser. NS, vol. 35 (1981) p. 165-184.
- Donceva-Petkoval. 1992 - Problemi riguardanti la produzione delle croci enkolpion (materiali tecnologie officine), "Archeologija Sofija".
- Bagattib. 1975 - Croci figurate nel Museo della Flagellazione, in: "La Terra Santa".
- Giorgio Leone: Le testimonianze figurative: gli enkolpia cruciformi. In: La Calabria tirrenica nell'antichità. Nuovi documenti e problematiche storiche. Rubbettino Atti del Convegno (Rende - 23-25 novembre 2000) a cura di Giovanna De Sensi Sestito.
- Filippo Burgarella: L'eparchia di Mercurio: territorio e insediamenti. In: Giornata di studio in ricordo di Enrica Follieri [Atti della giornata di studio (Roma: 2000) / « Rivista di Studi Bizantini e Neoellenici», 39 (2002)], Roma 2003.
- Giovanni Cristofalo: Malvito, un centro medievale della Calabria settentrionale: un tentativo di lettura critica della documentazione storica, Tesi Unical, Anno 1987-88, rel. prof. De Leo.
- Damiano Fonsecca: L'organizzazione ecclesistica dell'Italia Normanna tra l'XI e il XII secolo. I nuovi assetti istituzionali. Milano, 1977.
- Francesco Russo: Politica religiosa di Roberto il Guiscardo in Val di Crati (1050-1086) Castrovillari.
- John Julius Norwich: I Normanni nel Sud, 1016-1130. Traduzione di: Elena Lante Rospigliosi. Editore: Mursia (1979).
- Alessandro Pratesi: Carte Latine di Abbadie Calabresi provenienti dall'Archivio Aldobrandini. Città del Vaticano, Biblioteca Apostolica Vaticana, 1958.
- Alessio Tanfoglio: La morte e la sepoltura, il «contempus mundi» e l'Inquisizione santa. Editore: Youcanprint, 2015.
- Arjelle: La "missione" dei Templari. Arcadia: I Templari, altervista.org.

Indice dei contenuti

www.ingramcontent.com/pod-product-compliance
Lightning Source LLC
LaVergne TN
LVHW051705080426
835511LV00017B/2740